INSTITUT COLONIAL

DE BORDEAUX

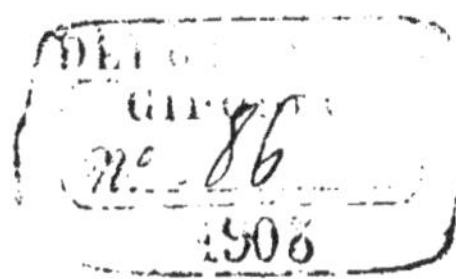

RAPPORTS

PRÉSENTÉS

AU CONSEIL D'ADMINISTRATION

DANS SA SÉANCE DU 20 DÉCEMBRE 1902

BORDEAUX
IMPRIMERIE G. GOUNOUILHOU
9-11, RUE GUIRAUDE, 9-11

1903

INSTITUT COLONIAL

DE BORDEAUX

RAPPORTS

PRÉSENTÉS

AU CONSEIL D'ADMINISTRATION

DANS SA SÉANCE DU 20 DÉCEMBRE 1902

BORDEAUX
IMPRIMERIE G. GOUNOUILHOU
9-11, RUE GUIRAUDE, 9-11
1903

CONSEIL D'ADMINISTRATION

DE L'INSTITUT COLONIAL DE BORDEAUX

MM.

Dr LANDE (O. ✻), Maire de Bordeaux, *Président*.

De La VILLE de MIRMONT, professeur à la Faculté des lettres, adjoint au Maire.

Émile MAUREL ✻, membre de la Chambre de commerce. (Commerce colonial.)

Edmond BESSE, membre de la Chambre de commerce. (Commerce colonial.)

U. GAYON (O. ✻), doyen de la Faculté des sciences. (Sciences, Minéralogie, Botanique, Zoologie.)

Dr de NABIAS, doyen de la Faculté de médecine, docteur ès sciences. (Médecine coloniale.)

Dr BEILLE, professeur agrégé à la Faculté de médecine, docteur ès sciences. (Agriculture coloniale.)

E. BUHAN (O. ✻), armateur. (Organisation des cours et de l'enseignement.)

H. LORIN, professeur à la Faculté des lettres. (Musée et collections.)

SAUVAIRE-JOURDAN, professeur à la Faculté de droit. (Législation coloniale.)

CAMENA d'ALMEIDA, professeur à la Faculté des lettres. (Géographie maritime.)

MANÈS ✻, directeur de l'École supérieure de commerce et d'industrie, *Archiviste*.

A. MENGEOT, directeur de la maison Fenaille et Despeaux. (Renseignements commerciaux.)

P. BONIFAS, négociant, *Trésorier*.

J. MAXWELL, avocat général à la Cour d'appel, *Secrétaire général*.

E. HUYARD, industriel, *Secrétaire général adjoint*.

RAPPORT

présenté au Conseil d'administration de l'Institut Colonial de Bordeaux

DANS LA SÉANCE DU 20 DÉCEMBRE 1902

Par le SECRÉTAIRE GÉNÉRAL

Messieurs,

La fin de l'année 1902 marque le terme du premier exercice complet de votre administration. Il convient de résumer l'œuvre accomplie par vous et de constater les résultats de vos travaux. Il ne nous appartient pas de nous louer nous-mêmes, mais nous serions mal venus, cependant, à ne pas avoir le sentiment que cette œuvre est bonne. L'avenir seul nous donnera la mesure des fruits qu'elle doit porter, mais nous pouvons avoir l'assurance d'avoir donné à nos compatriotes de la Métropole et des Colonies les moyens de s'instruire, de connaître leurs besoins réciproques, d'entrer en relations plus suivies et plus profitables, de resserrer les liens sociaux et économiques qui doivent un jour réunir en un étroit faisceau les pays de langue française et de drapeau français. C'est au développement de notre race que nous travaillons, à l'agrandissement de notre patrie, à la diffusion de nos conceptions philosophiques, de nos idées scientifiques, de nos arts, de notre industrie, de notre commerce. Un jour viendra sans doute où les pays plus jeunes où nous essayons d'implanter les rejetons de notre race, atteindront une prospérité plus grande que la nôtre. Leur évolution est la condition de celle de notre sang : ainsi, des parents vieillis revivent dans leurs enfants, et, d'ancêtres en descendants, assurent la continuité de la famille, de ses traditions, de ses sentiments d'honneur et de patriotisme. N'est-il pas sage de profiter de notre maturité pour fonder ces groupes nouveaux, soutiens futurs de notre race, véritables enfants qui en conserveront et développeront à leur tour le patrimoine augmenté?

*
* *

Notre premier souci a été de rechercher les moyens les plus propres à faire connaître nos colonies, à les faire aimer, à dissiper les craintes que leur climat inspire, bien souvent à tort. Pour atteindre ce triple but, nous avons pensé qu'il fallait s'adresser aux yeux et à l'intelligence, montrer les produits importés de nos colonies et les marchandises qu'elles nous demandent de préférence; instruire les jeunes gens qui veulent s'installer aux colonies de manière à leur éviter, autant que possible, les erreurs que l'inexpérience fait commettre aux débutants. Pour cela, nous avons fondé un musée et établi des cours.

I

C'est le musée, d'abord, qui nous a préoccupés. Vous avez confié la direction de cet important service à M. le professeur Lorin. Notre collègue, par ses connaissances spéciales, son activité, sa compétence, a toutes les qualités requises pour assurer le succès de l'œuvre entreprise.

Le musée comprend deux sections : l'une destinée à l'exposition des produits coloniaux, l'autre à celle des produits régionaux d'exportation aux colonies. Nous avons organisé celle-ci grâce au concours bienveillant et à la générosité du Comité départemental de la Gironde pour l'Exposition de 1900. Je suis heureux de lui en exprimer ici toute notre gratitude. Les échantillons de la première partie ont été classés avec soin par M. Pitard, docteur ès sciences naturelles, chargé de cours à l'Ecole de médecine de Tours.

La galerie consacrée au musée a environ 130 mètres de superficie; elle est déjà presque pleine, et nous aurons bientôt à solliciter de notre Président d'user de toute l'influence dont il dispose auprès de la municipalité de Bordeaux pour assurer à notre musée un local plus grand. Voici, au surplus, la note que M. H. Lorin, directeur du musée, a bien voulu me remettre :

Note sur le Musée colonial.

Le Musée de l'Institut colonial, situé sur la terrasse du Jardin-Public, dans l'immeuble de l'ancienne Ecole de Sculpture, se compose d'une double exposition :

1° Cartes murales, photographies, échantillons de produits de nos diverses colonies;

2° Produits régionaux destinés à l'exportation aux colonies.

La section de Madagascar est, pour le moment, la mieux fournie; celle de l'Inde française contient aussi d'assez nombreux documents, et le Musée colonial de Harlem a envoyé au Musée une « collection scolaire » qui est exposée dans une vitrine spéciale, en regard de celle consacrée à l'Indo-Chine française; la section de l'Afrique occidentale, à laquelle une salle est réservée n'est pas encore complète; on y remarque, cependant, une collection de gommes, classée par séries d'après les usages du commerce bordelais, et une série intéressante de l'arachide et produits dérivés. L'Algérie et la Tunisie figurent, naturellement, parmi les colonies, mais avec trop peu d'échantillons encore. Il est désirable, lors de la prochaine répartition des échantillons rassemblés à l'Office colonial de Paris, que notre Musée profite le plus largement possible de ces libéralités.

La deuxième section, à laquelle deux salles sont réservées, s'accroît journellement par des expositions de maisons locales. On peut estimer qu'avant longtemps les locaux du Musée actuel (galerie d'environ 26 mètres sur 5) seront insuffisants.

Les échantillons exposés servent aux cours coloniaux publics, qui sont professés dans les locaux de l'Ecole supérieure de commerce et d'industrie, 66, rue Saint-Sernin; ils peuvent, sur indication des intéressés, faire l'objet d'expériences dans les laboratoires de l'Université; ils sont progressivement assortis de dossiers scientifiques et commerciaux; les études actuelles, faites par le Secrétaire sur les instructions du Directeur du Musée, portent sur les produits textiles et les produits alcooligènes de nos colonies; une autre a été antérieurement rédigée sur les bois de Madagascar. Il serait utile que ce Musée disposât de fonds suffisants pour faire publier ces études et faire les frais des expériences de laboratoire sans lesquelles on ne peut les estimer complètes.

Le Musée reçoit toutes demandes de renseignements sur les produits exposés; il y répond dans le plus bref délai possible. Il est ouvert tous les jours non fériés, de deux heures à cinq heures. Il a été muni récemment d'un téléphone (n° 2378), avec poste greffé au domicile du directeur. de manière à faciliter, même en dehors des heures d'ouverture, les communications et les demandes de renseignements. On espère pouvoir organiser prochainement au Musée des visites scolaires; déjà des maîtres de diverses écoles y ont amené des élèves.

On insiste sur la nécessité de compléter les collections et d'assurer, par une série d'expériences et une publicité appropriée, la pleine utilité du Musée. Déjà, la bibliothèque du Musée comprend un certain nombre de publications qui seront complétées par les divers périodiques spéciaux nécessaires aux professeurs des cours coloniaux.

Le Directeur du Musée,

Henri LORIN.

Cette note vous fait connaître l'état des collections, les lacunes qui restent à combler et les besoins à satisfaire. Nous aurons à examiner plus tard les désirs légitimes de notre collègue. Dans la première partie de ce rapport, je veux me borner à faire connaître ce qui a été fait. Vous voyez, qu'au point de vue du musée proprement dit, M. H. Lorin a pu garnir une superficie de 130 mètres carrés, faire classer les nombreux échantillons exposés, et commencer la constitution de dossiers relatifs aux produits commerciaux figurant aux vitrines.

*
* *

Vous avez ensuite, Messieurs, cherché à assurer un enseignement pratique des choses coloniales; vous avez pensé que l'enseignement désirable devait être double : l'un technique, industriel, agricole et commercial; l'autre médical. Cette distinction se justifie à tous les points de vue.

En effet, une des conditions fondamentales de la colonisation est la santé des colons. Comment travailler utilement si l'on est malade, si les ressorts de l'énergie et de la volonté sont affaiblis? Pour assurer aux colons la santé indispensable à leur activité, il est nécessaire de connaître l'hygiène des pays chauds et la thérapeutique des maladies de nos colonies.

Dans beaucoup de celles-ci le climat est sain, et le colon n'a qu'à lutter contre une température trop chaude quelquefois; dans d'autres, la dysenterie, le paludisme, certaines autres maladies parasitaires ou microbiennes sont de plus dangereux adversaires. C'est particulièrement le cas pour la Côte occidentale d'Afrique, vaste pays avec lequel notre position géographique doit nous assurer les relations les plus fréquentes et faire de notre port le lien principal entre la France et lui. L'étude des maladies de ce pays, la recherche des conditions d'hygiène de nature à en préserver est donc une œuvre coloniale au premier degré. Vous n'ignorez pas les récents progrès réalisés dans la connaissance des fièvres paludéennes. L'animalcule qui les détermine a été reconnu, les conditions dans lesquelles il est inoculé à l'homme par la piqûre de certains moustiques ont été élucidées. Le résultat de ces recherches permet d'espérer que la médecine nous donnera bientôt les règles propres à nous garder de ce redoutable fléau des pays chauds. La peste elle-même, dont le nom évoque tant de misères et de morts, paraît devoir être domptée par la science moderne. Vous savez aussi que le virus du venin des serpents a été découvert, et que nous aurons bientôt, si même nous ne l'avons déjà, l'antidote de ce toxique. Bien des recherches sont encore à faire; aussi avez-vous sagement pensé qu'il était du devoir de l'Institut colonial de vulgariser les études faites et de favoriser les recherches nouvelles; vous avez cru avec raison que l'existence d'une Faculté de médecine prospère dans notre ville rendait facile l'exécution de vos projets.

Une autre raison vous a décidés encore. N'est-ce pas à Bordeaux qu'est l'Ecole de Santé navale et coloniale? N'est-ce pas dans notre Faculté de médecine que les futurs médecins de la Marine et des Colonies font leurs études et prennent leurs diplômes? N'était-il pas nécessaire de mettre à la portée de ces jeunes gens l'instruction spéciale qui les mettra en mesure d'étudier avec fruit la pathologie des maladies des colonies? Aussi, avez-vous provoqué la fondation de cours spéciaux à la Faculté de médecine et avez-vous largement subventionné ces cours par la création de bourses et d'indemnités diverses.

Vous avez confié à notre collègue M. de Nabias, doyen de la Faculté de médecine, la tâche d'assurer comme il l'entendrait cet important service; d'accord avec M. le recteur Bizos, dans lequel nous avons trouvé un actif auxiliaire toujours prêt à nous être utile, le Doyen de la Faculté de médecine a établi les conditions de l'enseignement médical colonial et de l'obtention du diplôme qui le consacre. J'annexe au présent rapport les documents officiels qui vous feront connaître les programmes des leçons et des travaux de laboratoire et vous indiqueront les résultats obtenus pour la première année. Ils ont dépassé les espérances les plus optimistes, et nous avons pu craindre un moment de n'avoir pas pris les mesures nécessaires à assurer l'exécution des travaux pratiques dans les conditions de commodité qu'exigent ces délicates opérations. Vingt-six élèves ont suivi les cours; dix-sept ont été admis au diplôme de médecin colonial.

Vingt et une inscriptions ont été prises cette année; les médecins étrangers commencent à connaître et à apprécier l'œuvre de notre Faculté de médecine. Remercions M. le Recteur et M. de Nabias de leur précieux concours; remercions aussi les professeurs de la Faculté, qui ont mis avec tant de générosité et de désintéressement leur science et leur temps à la disposition de l'Université. Souhaitons que les pouvoirs publics ne soient pas des adversaires pour nous et que, soucieux des véritables intérêts de la science, de ceux aussi des médecins de la Marine et des Colonies, ils n'aillent pas diminuer notre œuvre, affaiblir nos efforts, décourager notre initiative en créant d'inutiles Ecoles supérieures dans des villes où l'enseignement supérieur médical n'existe pas. A défaut d'autres motifs, le souci des deniers publics leur commanderait de favoriser notre œuvre, qui n'exige de l'Etat aucun sacrifice sérieux. J'ai l'espoir que le Gouvernement, toujours ménager de la fortune publique, reconnaîtra l'avantage du système organisé à Bordeaux : c'est le plus pratique et le plus économique.

Il ne faut pas oublier, en effet, que notre Université a été la première à organiser des cours de médecine coloniale en France. L'Angleterre en avait jusqu'ici le monopole, et l'Institut de médecine coloniale de Liverpool a acquis une juste réputation; le prix Nobel vient de lui être décerné. Souhaitons à notre jeune section de la Faculté de médecine le même succès et les mêmes triomphes; aidons-la de toutes nos forces à y parvenir à son tour.

*
* *

La médecine et l'hygiène coloniale assurent au colon la santé, mais ce n'est pas tout; il faut apprendre au futur émigrant à connaître les ressources dont nos colonies disposent, les coutumes qui y existent, la législation qui les régit, les cultures qui y réussissent. Il faut leur donner des notions pratiques et aussi complètes que possible sur la géographie et l'histoire des colonies. La création de cours techniques traitant du commerce, de l'industrie et de l'agriculture coloniale s'imposait. Deux hommes ont été chargés par vous d'étudier les moyens d'assurer cet enseignement indispensable. L'un, M. Buhan, dont l'éloge n'est plus à faire, a réuni une Commission dont il a dirigé les travaux avec la compétence et le tact que nous apprécions en lui. L'autre, M. Manès, a reçu d'un accord unanime la dure mission de préparer les lignes générales de l'enseignement futur.

Votre Commission a pensé que le moyen le plus économique et en même temps le meilleur était de s'adresser à la Chambre de commerce, à l'Université et à la Société Philomathique. L'Université a prêté son concours le plus dévoué. La Chambre de commerce et la Société Philomathique ont mis le même zèle à nous aider. Je veux laisser à notre collègue, M. Manès, le soin de vous dire lui-même comment a été résolu le problème difficile qu'il avait été chargé d'étudier avec M. Buhan; mais, avant de lire le rapport qu'il a bien voulu préparer, permettez-moi d'exprimer à nos deux collègues les remerciements sincères que nous leur adressons; joignons aussi à leurs noms ceux de MM. Bizos, Faure et Samazeuilh.

Rapport

au Conseil d'administration de l'Institut colonial

(Séance du 20 décembre 1902).

Messieurs,

Dans votre séance du 23 janvier dernier, vous avez entendu le rapport de la Commission que vous aviez chargée d'étudier l'organisation de cours d'études coloniales qui, s'ajoutant à ceux que venait de créer, au point de vue médical, la Faculté de Médecine et de Pharmacie, devaient constituer dans notre ville l'ensemble de l'enseignement patronné par l'Institut colonial, et vous avez bien voulu, conformément aux conclusions de ce rapport, adopter les propositions suivantes :

1° Institution d'un diplôme d'études coloniales correspondant à celui de la Faculté de médecine;

2° Création, à partir de la présente année scolaire, des cours ci-après : *a)* agriculture coloniale; *b)* produits coloniaux; *c)* histoire de la colonisation; *d)* hygiène des colonies; *e)* topographie et constructions coloniales, auxquels seraient ajoutés le cours d'économie et de législation coloniales de la Faculté de droit, et celui de géographie coloniale de la Faculté des lettres.

Tous ces cours devaient être suivis, indépendamment des élèves de la section coloniale que projetait l'Ecole supérieure de commerce, par deux catégories d'auditeurs : des auditeurs inscrits payant un droit d'inscription et des auditeurs libres; les premiers pouvant recevoir, sous certaines conditions, soit le diplôme d'études mentionné plus haut, soit un certificat de capacité; les seconds n'ayant droit à aucun de ces titres.

Enfin, vous avez bien voulu voter la somme nécessaire pour le fonctionnement de ces cours depuis leur ouverture jusqu'au 31 décembre courant.

Pour réaliser cette utile institution, un double concours était indispensable, celui de l'Université et celui de l'Ecole supérieure de commerce. Vous me permettrez donc de vous exposer tout d'abord, et aussi brièvement que possible, la part de l'une et de l'autre, avant de vous faire connaître dans quelles conditions s'est effectuée notre première rentrée.

*
* *

Saisi des propositions du Conseil d'administration de l'Institut colonial, aussitôt après sa réunion du 23 janvier, M. le Recteur de l'Académie de Bordeaux s'empressa de les communiquer au Conseil de l'Université, qui chargea une grande Commission d'étudier à son tour cette affaire, d'examiner les moyens de créer le diplôme colonial désiré, d'arrêter les cours nécessaires, de rédiger les programmes, etc.; puis, le 13 mai 1902, sur le rapport de cette Commission, qui avait bien voulu entendre le Directeur de l'Ecole supérieure de commerce, le Conseil de l'Université désignait les professeurs et prenait la délibération suivante, que M. le Recteur soumettait, à la date du 19 juin, à M. le Ministre de l'Instruction publique :

DÉLIBÉRATION

1° Un diplôme d'études coloniales est créé à l'Université de Bordeaux;

2° L'enseignement colonial comprendra :

a) *Agriculture coloniale* (1 heure par semaine), professeur désigné : M. le Dr Beille, professeur agrégé à la Faculté de médecine et de pharmacie de Bordeaux;

b) *Produits coloniaux* (2 heures par semaine le premier semestre, et 1 heure le deuxième), professeur désigné : M. Hugot, docteur ès sciences physiques, chef des travaux à la Faculté des sciences;

c) *Hygiène coloniale* (1 heure par semaine en 2e année, deuxième semestre), professeur désigné : M. Le Dantec, professeur à la Faculté de médecine;

d) *Histoire de la colonisation et Géographie coloniale* (1 heure par semaine), professeur désigné : M. Henri Lorin, professeur à la Faculté des lettres;

e) *Économie et Législation coloniales* (1 heure par semaine), professeur désigné : M. Sauvaire-Jourdan, professeur agrégé à la Faculté de droit;

f) *Topographie et Construction coloniales* (1 heure par semaine, deuxième semestre), professeur désigné : M. Esclangon, aide-astronome à l'Observatoire de Floirac.

3° La durée de la scolarité est de deux années;

4° Sont admis à suivre l'enseignement colonial, indépendamment des élèves de l'École supérieure de commerce, des auditeurs inscrits et des auditeurs libres;

5° Les auditeurs inscrits qui auront suivi tous les cours pourront obtenir, après examen, le diplôme d'études coloniales.

Les auditeurs qui n'auront été inscrits que pour certains cours pourront, après avoir justifié d'une présence régulière et subi un examen satisfaisant sur les matières de ces cours, recevoir un certificat de capacité, sur lequel mention sera faite des cours suivis.

Les étudiants libres n'auront droit à aucun diplôme ni certificat.

Le Conseil de l'Université sera invité ultérieurement à se prononcer sur les tarifs des droits d'études à exiger des aspirants au diplôme

Le 26 juillet 1902, cette délibération était, après avis de la Commission permanente du Conseil supérieur de l'Instruction publique, définitivement approuvée par un arrêté de M. le Ministre de l'Instruction publique.

Il y a lieu d'ajouter, d'ailleurs, que, postérieurement à cette date, le Conseil des Facultés vient d'arrêter comme suit les tarifs des droits d'études :

30 francs par année scolaire, quel que soit le nombre des cours suivis, et 30 francs pour droit d'examens.

*
* *

De son côté, le Conseil de surveillance et de perfectionnement de l'Ecole supérieure de commerce et d'industrie, qui, sur la proposition de M. Eug. Buhan, avait, dès le mois de juillet 1901, mis à l'étude la question de l'organisation, dans la division commerciale, d'une section coloniale analogue à celle de l'Ecole de Marseile, était saisi, dans sa séance du 24 février 1902, d'une proposition ayant pour but de profiter, pour la section spéciale qu'il projetait, de la création dont l'Institut colonial avait, le 23 janvier précédent, arrêté les bases générales. Cette proposition était accompagnée d'un projet dont les dispositions principales étaient les suivantes :

Création, à partir de la rentrée de 1901-1902, d'une section coloniale dont l'enseignement serait divisé en deux parties distinctes : l'une comprenant un certain nombre de cours communs aux deux sections, commerciale et coloniale; l'autre comprenant des matières spéciales à la section nouvelle et qui ne seraient autres que celles des cours qu'allait organiser l'Institut colonial avec le concours de l'Université. Rien n'était, d'ailleurs, changé, en dehors de cette modification de cours, aux conditions générales communes à tous les élèves de l'Ecole.

Ce projet fut adopté par le Conseil de surveillance et de perfectionnement, et, quelques jours après, le 11 avril 1902, son Président le transmettait à M. le Ministre du Commerce, en le priant de vouloir bien en autoriser la mise à exécution. Le Ministre réclama, toutefois, avant de donner cette autorisation, la communication des programmes, qui ne purent lui être envoyés qu'après leur retour du ministère de l'Instruction publique. Enfin, dans les premiers jours d'août, cet envoi put être fait et, peu après, l'Ecole supérieure de commerce le compléta en faisant parvenir au ministère du Commerce la liste des professeurs avec les états signalétiques de chacun d'eux, puis, le 22 septembre, les tableaux des horaires et examens de la nouvelle section.

Quelques jours plus tard, par dépêche du 29 septembre, le ministre du Commerce autorisait l'Ecole à appliquer les horaires et programmes du projet (mais en faisant des réserves au sujet des modifications qui pourraient y être apportées après consultation de la Commission permanente du Conseil supérieur de l'enseignement technique, qui n'avait pas été réunie pendant les vacances). Il fixait, de plus, à quinze le nombre des élèves à admettre en première année de la section coloniale, et accordait son agrément à la nomination des professeurs. L'autorisation à titre définitif de la nouvelle section ne se fit pas, d'ailleurs, longtemps attendre, et, le 2 décembre courant, elle était donnée, sous réserve de quelques modifications de détail pouvant être facilement appliquées, et qui ont déjà reçu un commencement d'exécution.

*
* *

C'est dans ces circonstances et conditions que s'est ouverte, le mardi 4 novembre dernier, dans le grand amphithéâtre de la rue Saint-Sernin, la section d'études coloniales, fondée avec le concours de l'Université et de l'Ecole supérieure de commerce par l'Institut colonial de Bordeaux.

En l'absence de M. le Maire, cette cérémonie, à laquelle avaient été invités, au nom du Conseil d'administration de l'Institut, la Chambre de commerce, les doyens des Facultés, le Comité de la Société Philomathique, le Conseil de surveillance et de perfectionnement de l'Ecole supérieure de commerce, et quelques autres notabilités, était présidée par M. le Recteur de l'Académie de Bordeaux, et nous lui devons nos meilleurs remerciements non seulement pour les paroles qu'il a bien voulu adresser dans cette circonstance aux élèves de l'Institut colonial, mais encore pour la bienveillance dont il n'a cessé de faire preuve pendant toute la période d'organisation de la section d'études coloniales.

Après lui, M. Henri Lorin a brillamment inauguré les cours d'histoire de la colonisation et de géographie coloniale, expliquant aux élèves l'utilité de chacun des cours qu'ils allaient suivre et leur donnant de précieux conseils pour leur carrière coloniale.

Depuis, les cours se sont continués sans interruption; aux quinze élèves de l'Ecole de commerce se sont ajoutés quelques auditeurs, et leur nombre s'accroîtra certainement lorsque le nouvel enseignement, confié à des professeurs dont le zèle et la compétence ne laissent rien à désirer, sera mieux connu du public et aura pu recevoir une plus grande publicité.

J. MANÈS.

*
* *

Notre éminent collègue M. Beille a le ministère de l'agriculture coloniale. Il a fait beaucoup, et voici comment il résume son utile labeur :

Service des cultures coloniales.

Le service des cultures coloniales est placé dans le bâtiment des serres du Jardin-Public; il occupe une des grandes serres tempérées, et une petite serre chaude.

Depuis le mois de novembre 1901, de nombreux envois de graines ont été faits à l'Institut colonial par le Jardin botanique de Saïgon et des correspondants, pour la plupart anciens élèves de l'Ecole de Santé de la Marine résidant actuellement au Sénégal, dans la Guinée, à Madagascar, etc. Le Muséum d'histoire naturelle de Paris, le Jardin colonial de Vincennes, la villa Thuret, ont bien voulu aussi nous adresser un certain nombre de plantes déjà développées.

Grâce à ces généreuses libéralités, le service des cultures possède en ce moment un grand nombre d'espèces alimentaires, médicinales et industrielles susceptibles d'intéresser l'agriculteur colonial : caféiers, poivriers, papayers, muscadier, avocatier, kolatier, vanillier, figuiers et lianes à caoutchouc, strophantus tanghin, etc.

Le service comprend, en outre, une bibliothèque de botanique agricole et des herbiers coloniaux; ces annexes sont en voie d'installation dans les locaux de la bibliothèque municipale de botanique, située dans le bâtiment des serres du Jardin-Public.

L'importance des envois qui ont été faits pendant cette première année au service des cultures, ceux que nous attendons incessamment vont nécessiter bientôt un agrandissement notable des locaux que nous possédons. Une simple modification des services déjà existants suffira pour organiser ces cultures coloniales comme elles doivent l'être pour répondre aux besoins de l'enseignement et aux demandes de ceux qui, chaque jour plus nombreux, s'intéressent aux productions végétales de nos possessions coloniales.

Le Directeur du Service,

Dr L. BEILLE.

*
* *

Enfin, notre savant et laborieux collègue, M. Mengeot, a été chargé du service des renseignements; il vous dit lui-même comment il a organisé son service, et il vous fait connaître les résultats obtenus dans la note ci-jointe qu'il a bien voulu me faire parvenir :

Note sur le Service des Renseignements.

Tant pour l'organisation que pour le fonctionnement, la correspondance s'est élevée à environ cinq cents lettres (non compris le mouvement des publications).

Dès l'ouverture au public, on pourra mettre à la disposition des intéressés une soixantaine de publications périodiques, revues coloniales diverses, bulletins de Chambres de commerce et d'agriculture des colonies ou de l'étranger, etc.

Les visiteurs pourront également consulter près de deux cents rapports commerciaux ou coloniaux; on y trouvera, enfin, quelques guides pour les émigrants, les statistiques coloniales complètes de 1892 à 1901, diverses collections de cartes et publications officielles coloniales, de nombreuses notices sur l'Algérie, la Tunisie, les colonies. Tous ces documents sont déjà réunis.

Le service des renseignements n'a pas été appelé à exercer son office seulement dans notre département, mais il a encore reçu des demandes des Basses-Pyrénées, Lot-et-Garonne, Charente-Inférieure, Haute-Vienne, Cantal. Son rayon d'action est donc assez étendu.

De nombreuses demandes d'emploi aux colonies lui ont été adressées; mais, malheureusement, les candidats n'étaient pas des spécialistes, la plupart s'offraient à faire n'importe quoi et n'importe où. C'était trop et pas suffisant. Le service a pu cependant faciliter la publicité de ces demandes, notamment pour des surveillants et régisseurs de propriétés en Algérie et en Indo-Chine, et a fourni, dans le même but, les adresses des diverses associations agricoles de l'Algérie.

Plusieurs personnes se sont adressées à nous pour aller vivre aux colonies, et nous avons fourni les renseignements utiles, notamment à l'une d'elles voulant se diriger en Nouvelle-Calédonie. Une demande d'émigration pour Madagascar d'une famille de trois personnes (le mari charpentier, la femme modiste, le frère employé) a également été instruite.

Malheureusement, nous ne pouvons encourager au départ les émigrants ne possédant rien, car, trop souvent, c'est à bout de ressources qu'on se décide à s'expatrier. Notre service se met à la disposition des intéressés pour leur obtenir des passages gratuits; encore faut-il qu'ils aient, à leur arrivée à destination, de quoi vivre pour attendre un emploi stable ou pour voir fructifier l'établissement agricole qu'ils veulent fonder. Il faut être très prudent en pareille matière.

Nous avons fait placer un employé dans une maison coloniale de la place.

Signalons encore :

Renseignements donnés sur les principales exploitations coloniales.

— fournis sur les facilités données pour s'installer pharmacien aux colonies.

— et appui pour l'obtention d'emplois administratifs en Indo-Chine.

— sur les noms des importateurs de vins à Madagascar.

— sur les conditions de transports et d'introduction des pétroles de diverses origines à Madagascar.

— sur les détenteurs et exportateurs de cuirs à Madagascar.

Signalé à l'Office colonial, pour ajouter à ses listes, qui n'en faisaient pas mention, une maison bordelaise ayant créé des succursales à Madagascar.

Incidemment et par extension, nous avons eu l'occasion de répondre à quelques questions se rattachant plus particulièrement aux pays étrangers, mais cela ne peut être qu'une exception.

Diverses expositions temporaires et communications d'échantillons ont eu lieu : deux fois pour le Siam (étoffes de coton, tricots, serviettes, vestes de toile, le tout de fabrication siamoise, puis filés de coton, étoffes, serviettes, instruments aratoires, fers en barres, verroterie, papiers divers, savon et bougie, mercerie, de provenance étrangère); pour l'Ethiopie, on a exposé des types de tissus divers, maroquineries, etc., vendus couramment. Ces pays étaient trop voisins de nos possessions d'Indo-Chine et de la Côte des Somalis pour que nos coloniaux ne fussent pas intéressés à ces exhibitions.

Enfin des albums d'échantillons d'indiennes, flanelles, mouchoirs, pagnes, tissus d'ameublements, cotonnades diverses, dentelles de fabrication française et étrangère et de vente courante en Guinée française, Côte d'Ivoire, Dahomey, Côte des Somalis, Nouvelle-Calédonie, Mayotte et Comores et Congo français ont été longtemps exposés. Ces échantillons, au nombre de 1,154, furent consultés maintes fois, soit par des négociants, soit par des représentants de la place. Sauf pour le Congo, tous étaient assortis de références indiquant l'origine des produits, dimensions usuelles, prix en gros et en détail, etc.

Grâce à la bienveillance et à l'appui des Offices de Paris, nous espérons pouvoir développer ces exhibitions, qui sont appelées à rendre de sérieux services.

Le service des renseignements a annoncé les diverses adjudications coloniales et communiqué leurs cahiers des charges. Il a pu faciliter ainsi certaines affaires, et une maison de la place a même fait copier intégralement un long cahier des charges qui l'intéressait d'une façon toute particulière.

Le service a enfin commencé à créer fiches et dossiers généraux pour faciliter les recherches des renseignements qu'on peut lui demander.

A. MENGEOT.

*
* *

Vous le voyez, Messieurs, l'œuvre accomplie par vous en quinze mois a été considérable; elle a été silencieuse, et nous n'avons pas fait beaucoup de réclame autour de nous. C'est un tort, et j'estime que nous devons faire connaître un peu partout les ressources que nous offrons à tous les jeunes gens qui se destinent à la vie coloniale. C'est surtout, c'est plus peut-être dans leur intérêt que dans celui de nos fondations que nous devons porter à la connaissance du public les ressources qu'elles offrent.

II

Beaucoup de choses restent encore à faire, et vous n'avez que le choix entre les œuvres à réaliser. Il faut d'abord compléter l'organisation du musée; il faut le doter de deux laboratoires au moins; il faut créer encore un laboratoire ou deux pour les études de médecine coloniale. Vous aurez à étudier ces questions et à prier notre Président de bien vouloir les transmettre à la municipalité. Elles sont très graves.

L'organisation du musée, d'abord. Le local qui le contient est trop étroit : il va bientôt manquer d'espace pour se développer; d'autre part, il ne faut pas oublier qu'il existe, en dehors de nous, un musée d'ethnographie à la Faculté de médecine. Ce musée est déjà très riche; il va s'augmenter bientôt d'importantes collections; l'ethnographie coloniale voisinerait volontiers, il me semble, avec le musée de produits coloniaux. Y aurait-il un moyen de les réunir, non dans un même local, vous verrez pourquoi, mais dans deux locaux communiquants?

D'autre part, les laboratoires, annexes nécessaires du musée, ne peuvent être logés à la Faculté des sciences. Ils n'y trouveraient pas place.

Existe-t-il une combinaison permettant d'assurer une satisfaction légitime aux vœux que j'exprimais? Je le pense. Si je suis bien renseigné, notre municipalité, si attentive aux besoins de la culture publique, songe à fonder un nouvel Athénée : l'immeuble qui loge nos Sociétés scientifiques est aujourd'hui insuffisant. Pourquoi ne nous logerait-on pas dans le nouvel Athénée? Nous pourrions grouper autour de nous un grand nombre de Sociétés scientifiques, qui seraient bien placées auprès de notre Institut. Les Sociétés de Géographie, d'Economie politique, la Société Linnéenne qui s'occupe des sciences naturelles, bien d'autres encore, se trouveraient bien de cette réunion. On pourrait, dans certaines conditions, leur réserver accès aux laboratoires.

Ces laboratoires seraient au nombre de deux au moins. L'un, affecté aux produits coloniaux et aux recherches d'ordre chimique; l'autre, aux recherches sur la flore et la faune coloniales.

On pourrait, à côté du musée colonial, affecter des galeries à l'Université pour qu'elle y loge ses collections scientifiques : il y a là une question difficile peut-être, mais non impossible à résoudre, car l'Université ne peut installer ces collections, qu'elle a en dépôt, que dans des immeubles dépendant d'elle. Si mes désirs sont les vôtres, je vous convie à charger notre Président de pressentir à cet égard la municipalité. Le projet que je vous soumets n'entraînerait pas de dépenses de premier établissement, s'il est exact qu'un nouvel Athénée soit projeté.

Quant aux recherches scientifiques, il me paraît nécessaire de les subventionner; vous aurez à examiner s'il convient de voter une somme, soit à titre d'allocation annuelle pour des recherches à faire, soit à titre de prix à décerner pour des recherches faites, mais je crois que vous devez affecter à la distinction que j'indique une somme quelconque. Notre collègue M. Henri Lorin nous a parlé de recherches sur les plantes susceptibles de produire de l'alcool : c'est une idée pratique, car l'alcool peut être considéré, lui aussi, comme de la houille blanche.

Les laboratoires de la Faculté de médecine vont être incessamment agrandis; je crois savoir que cette mesure est décidée; nous aurons à prier la municipalité d'en hâter la réalisation.

Enfin, un projet d'exposition est à l'étude. Nos collègues MM. Henri Lorin et Huyard vous en entretiendront.

Le service de M. Mengeot devra, il me semble, examiner deux questions. L'une d'elles est très importante. Elle a pour objet l'établissement de correspondants dans les colonies. Le choix de ces correspondants est délicat, mais il nous en faut; il me semble qu'il est nécessaire que nous ayons des amis aux colonies qui nous disent les besoins matériels à satisfaire, les branches de commerce qui sont à fonder, qui nous fassent connaître que telle région a besoin d'ingénieurs, de contremaîtres, de commis, d'ouvriers; que telle autre offrirait des ressources certaines à un médecin, à un pharmacien, à un homme de loi. Il faut que nous arrivions à avoir une Bourse régulière d'offres et de demandes d'emplois aux colonies.

Ce desideratum nous amène à l'étude de la seconde des deux questions dont le service de M. Mengeot a le difficile examen et aura la lourde charge. C'est la recherche des conditions les plus économiques pour l'établissement d'un *Bulletin* de notre Institut. Nous devrons, en cette matière, nous préoccuper avant tout de ne pas trop dépenser.

Enfin, nous aurons à rechercher s'il nous est possible de réaliser quelque mesure propre à assurer la connaissance et l'amour de nos colonies dans la masse de nos populations. C'est aux écoles primaires que nous devrons faire appel; c'est par elles que nous apprendrons aux enfants de notre pays qu'il est des régions immenses où leur activité peut être fructueuse et les amener au bien-être et à l'aisance même sous l'égide du drapeau qui flotte ici. Peut-être, si nous réussissons à faire naître le goût de l'émigration aux colonies, notre peuple comprendra-t-il enfin que les enfants sont la richesse d'une race. Enfin, nous aurons encore une mission difficile; elle consistera à montrer aux pouvoirs publics que le régime administratif et douanier de nos colonies est loin d'être parfait, qu'il y a des améliorations nécessaires à y introduire si l'on désire la prospérité de nos possessions d'outre-mer.

En terminant, remercions les autorités qui nous subventionnent : le ministère des Colonies, la Chambre de commerce, la municipalité surtout; joignons à leurs noms celui des gouverneurs généraux de l'Indo-Chine, de l'Algérie, de notre résident de Tunis. Qu'ils sachent que les subventions promises sont utilement dépensées; qu'elles sont nécessaires à l'œuvre commencée. Nous n'attendons qu'elles pour développer celle-ci dans le sens que nous recommanderont les colonies elles-mêmes.

Le Secrétaire général,

J. MAXWELL.

ANNEXE I

Rapport de la situation financière de l'Institut colonial de Bordeaux

Au 20 décembre 1902.

MESSIEURS,

Dans sa séance du 16 février, le Conseil d'administration de l'Institut colonial de Bordeaux a voté, pour cette année, un budget s'élevant à 14,500 francs.

Grâce à la sagesse que chacun a apportée à ses dépenses, aucun des crédits votés pour 1902 n'a été entièrement absorbé.

Voici, du reste, le tableau de la situation à ce jour :

AFFECTATIONS	CRÉDITS ouverts.	DÉPENSES engagées.	RELIQUATS disponibles.
Agriculture . . . . F.	600 »	145 50	454 50
Bureau de renseignements.	1,200 »	25 »	1,175 »
Enseignement.	2,000 »	1,500 »	500 »
Faculté de médecine.	5,500 »	2,947 70	2,552 30
Musée.	1,500 »	1,281 35	218 65
Secrétariat	500 »	274 10	225 90
Personnel du Musée	2,520 »	1,890 »	630 »
Crédit supplémentaire (M. Pitard, de Tours), séance du 4 août 1902.	500 »	500 »	» »
Imprévu	180 »	108 85	71 15
TOTAUX. . . F.	14,500 »	8,672 50	5,827 50

Pour faire face à ces dépenses, j'ai eu, comme ressources :

1er janvier 1902.	Solde de l'année 1901. . . . . F.	3,046 25
23 avril.	Reliquat Henri Lorin.	40 05
27 juin.	Municipalité de Bordeaux	5,000 »
2 juin.	Société des Amis de l'Université.	100 »
18 octobre . . .	Chambre de commerce de Bordeaux. . .	5,000 »
	ENSEMBLE. . . F.	13,186 30

Comme on le voit, l'exercice de 1902, qui, si tous les crédits avaient été absorbés, se serait soldé par un déficit de 1.313 fr. 70, balancera, au contraire, par un reliquat de 4.513 fr. 80.

Pour expliquer ce budget de 14,500 francs, voici les ressources sur lesquelles nous comptions :

Ministère d'agriculture de Tunis, depuis 1901	F.	800 »
Indo-Chine	1902	10,000 »
Ministère du commerce	»	5,000 »
Ministère des colonies, depuis 1901		5,000 »
Algérie	1902	5,000 »
Ministère de la guerre	?	
Ministère de la marine	?	
Conseil général	?	
Municipalité de Bordeaux	1902	5,000 »
Chambre de commerce de Bordeaux	1902	5,000 »
	F.	35,800 »

Le total des recettes devant être de. . . . . . F. 35,800
alors que celui des dépenses n'était que de. 14,500
il restait un excédent de. 21,300
qui rendait notre situation de début des plus brillantes et autorisait le vote de dépenses supplémentaires permettant d'entamer et de poursuivre des travaux de haute utilité.

Malheureusement les diverses démarches faites pour la rentrée de ces subventions sont restées, jusqu'à ce jour, à peu près sans résultat, puisque la Municipalité et la Chambre de commerce ont seules versé cette année les subventions promises.

C'est là, Messieurs, une situation un peu décevante!

Est-ce à dire que nous devons être découragés? Non. La voix autorisée de notre Secrétaire général vient de vous faire entendre ce que nous avions pu faire avec nos ressources limitées.

L'avenir nous réserve donc, j'en suis certain, de légitimes compensations.

J'appelle maintenant votre attention sur mon projet de budget pour 1903.

Il est scindé en deux parties :

La première comprend les dépenses irréductibles et que nous ne pouvons pas ne pas voter.

La deuxième comprend les dépenses qui ne devront être engagées que tout autant que la rentrée des subventions le permettra et qu'il faut, en conséquence, voter, mais conditionnellement.

Projet de Budget pour 1903.

AFFECTATIONS	CRÉDITS irréductibles.	CRÉDITS SUPPL. conditionnels.	TOTAUX
Agriculture . . . . F.	300 »	300 »	600 »
Bureau de renseignements	500 »	1,000 »	1,500 »
Annales de l'Institut ou publications		2,000 »	2,000 »
Enseignement	6,000 »	» »	6,000 »
Faculté de médecine	3,000 »	2,500 »	5,500 »
Musée	1,500 »	1,500 »	3,000 »
Secrétariat	500 »	» »	500 »
Personnel du Musée	2,520 »	180 » Augm. p. Dubos.	2,700 »
Imprévu	180 »	20 »	200 »
Ensemble. . . F.	14,500 »	7,500 »	22,000 »

Pour faire face à ce budget irréductible de 14.500 francs, nous avons :

Le reliquat de l'exercice 1902, environ	F.	4,200 »
La subvention de la Municipalité	1903	5,000 »
La subvention de la Chambre de commerce	»	5,000 »
Ensemble. . .	F.	14,200 »

La situation financière de l'Institut colonial de Bordeaux est donc bien claire.

Elle comporte, pour 1903, un budget de dépenses
minimum de. . . . . F. 14,500
maximum de. 22,000

et un budget de recettes
minimum de. . . . . F. 14.200

Il y a donc urgence à ce que le Conseil d'administration prenne sans tarder de sérieuses mesures pour permettre d'équilibrer d'abord la première partie du budget que je vous soumets, puis d'ouvrir les crédits supplémentaires.

Il y en a une qui vient tout d'abord à l'esprit : obtenir de la municipalité qu'elle consentît à escompter la subvention de l'Indo-Chine de 10,000 francs.

Cette subvention de. . . . . F. 10,000
jointe à nos ressources de. 14,200
ferait un ensemble de. 24,200
qui assureraient, et au delà, tous les services pour 1903.

Tel est, Messieurs, le bilan acquis pour 1902: en expectative pour 1903.

Pendant le cours de l'année qui va commencer, nous multiplierons nos démarches, et nous arriverons, j'en ai la ferme conviction, à assurer l'avenir matériel de l'Institut.

Nous pourrons, à ce moment, donner à l'exécution de notre programme toute l'ampleur désirable.

L'éclat qui en rejaillira sur l'Institut colonial de Bordeaux sera une légitime récompense pour les dévouements désintéressés des hommes de valeur qui se sont attachés à la création et à la prospérité de cette œuvre d'intérêt national.

Bordeaux, 20 décembre 1902.

Le Trésorier,

P. BONIFAS.

Bordeaux. — Impr. G. Gounouilhou, rue Guiraude, 11.

www.ingramcontent.com/pod-product-compliance
Ingram Content Group UK Ltd.
Pitfield, Milton Keynes, MK11 3LW, UK
UKHW020231180726
13838UKWH00005B/2314